Tabla de contenido

Día de San Valentín

El Día de San Valentín es una fiesta.

Lo celebramos el 14 de febrero.

¿Qué otra celebración hay en febrero?

¡Es el Día de San Valentín!

por Richard Sebra

BUMBA BOOKS™
en español

EDICIONES LERNER ◆ MINEÁPOLIS

Muchas gracias a José Becerra-Cárdenas, maestro de segundo grado en Little Canada Elementary, por revisar este libro.

Nota a los educadores:

A través de este libro encontrarán preguntas para el pensamiento crítico. Estas preguntas pueden utilizarse para hacer que los lectores jóvenes piensen críticamente del tema con la ayuda del texto y las imágenes.

La traducción al español fue realizada por Giessi Lopez.

ediciones Lerner
Una división de Lerner Publishing Group, Inc.
241 First Avenue North
Mineápolis, MN 55401, EE. UU.

Si desea averiguar acerca de niveles de lectura y para obtener más información, favor consultar este título en www.lernerbooks.com

Library of Congress Cataloging-in-Publication Data

Names: Sebra, Richard, 1984– author.
Title: ¡Es el Día de San Valentín! / por Richard Sebra.
Other titles: It's Valentine's Day! Spanish
Description: Minneapolis : Ediciones Lerner, 2018. | Series: Bumba books en español. ¡Es una fiesta! | Includes bibliographical references and index. | Audience: Age 4–7. | Audience: K to grade 3.
Identifiers: LCCN 2017053125 (print) | LCCN 2017056160 (ebook) | ISBN 9781541507968 (eb pdf) | ISBN 9781541503540 (lb : alk. paper) | ISBN 9781541526686 (pb : alk. paper)
Subjects: LCSH: Valentine's Day—Juvenile literature.
Classification: LCC GT492 (ebook) | LCC GT492 .S4318 2018 (print) | DDC 394.2618—dc23

LC record available at https://lccn.loc.gov/2017053125

Fabricado en los Estados Unidos de América
1-43864-33682-1/11/2018

Expand learning beyond the printed book. Download free, complementary educational resources for this book from our website, www.lernerresource.com.

5

Esta fiesta es acerca del amor.

La gente muestra su amor a sus

seres queridos.

Las personas pasan

tiempo con sus

seres queridos.

A la persona que tú

amas es tu Valentín.

En San Valentín se acostumbra

a regalar tarjetas.

La gente da tarjetas de San Valentín.

Estas tarjetas muestran los

sentimientos de las personas hacia

otras personas.

¿Qué podrías escribir en tus tarjetas de San Valentín?

11

Construí una caja para

mis personas especiales.

La llevaré a la fiesta.

TO BOBBY

LOVE

TO TOMMY
HAPPY VALENTINE'S DAY
FROM MARY

13

Los colores del Día de

San Valentín son rojo,

rosa y blanco.

La gente se viste de rojo.

Dan flores rojas, rosas

y blancas.

Los corazones son símbolos de amor.

Son símbolos del Día de San Valentín.

Las personas dan dulces también.

Los chocolates vienen en cajas en

forma de corazón.

¿Qué más podrías darle a tu persona especial?

El Día de San Valentín es

un día para mostrar amor.

¿A quién le darías un detalle

de San Valentín?

Símbolos del Día de San Valentín

corazones

flores

YOU ARE MY LOVE

tarjetas de San Valentín

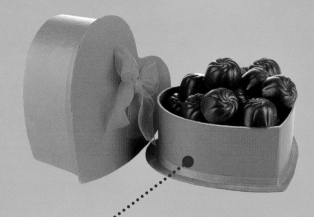

chocolates

Glosario de imágenes

detalles de San Valentín

regalos o tarjetas de felicitación que les das a tus seres amados

fiesta

un día para celebrar

símbolos

objetos o imágenes que significan algo más

valentín

alguien a quien amas

23

Índice

Leer más

McGee, Randel. *Paper Crafts for Valentine's Day*. Berkeley Heights, NJ: Enslow Elementary, 2015.

Pettiford, Rebecca. *Valentine's Day*. Minneapolis: Jump!, 2016.

Sebra, Richard. *It's Halloween!* Minneapolis: Lerner Publications, 2017.

Agradecimientos de imágenes

Las imágenes en este libro son utilizadas con el permiso de: © Agnieszka Kirinicjannow/iStock.com, páginas 5, 23 (arriba a la izquierda); © Syda Productions/Shutterstock.com, página 6; © Jason Doly/iStock.com, páginas 8–9, 23 (abajo a la izquierda); © iofoto/Shutterstock.com, páginas 10, 23 (abajo a la derecha); © Jan Tyler/iStock.com, página 13; © Xavier Arnau/iStock.com, páginas 14–15; © Kim Gunkel/iStock.com, páginas 17, 23 (arriba a la derecha); © Africa Studio/Shutterstock.com, páginas 18, 22 (abajo a la derecha); © Monkey Business Images/Shutterstock.com, página 21; © wk1003mike/Shutterstock.com, página 22 (arriba a la izquierda); © Neirfy/Shutterstock.com, página 22 (arriba a la derecha); © auleena/iStock.com, página 22 (abajo a la izquierda).

Portada: © Steve Cukrov/Shutterstock.com.